Vater`s Gedichte

- 100 Kindergedichte für Groß und Klein -

Pierre Sens

Vater's Gedichte

100 Kindergedichte für Groß und Klein

und über einhundert Zeichnungen

Text und Zeichnungen von Pierre Sens

Alle Rechte beim Autor

Copyright by *Pierre Sens*

Printed in Germany

Herstellung:

Books on Demand GmbH, Norderstedt

*- Dieses Buch ist meinem Sohn Daniel gewidmet,
mögen auch andere sich daran erfreuen. -*

ISBN 3 - 8311 - 4538 – 5

Als Du ein Baby warst

Kleine Hände
Sanft wie Wolkenstreifen

Kleiner Mund
Brabbelt laut und kunterbunt

Kleine Augen
Die die Welt aufsaugen

Kleine Ohren
So klein, fast wie verloren

Kleines Näschen
Stupsig wie ein Häschen

Kleine Füße
Strampeln in den Himmel nette Grüße

Kleiner Po
Geht noch nicht auf's Klo

Kleiner Mann im Gesamten
Erfreut die Welt:

Vater, Mutter
Und selbst die Verwandten.

Mein Kind Daniel

Fünf kleine Fingerlein
sind an Deiner Hand,
der Dicke davon heißt Däumerling,
das ist mir noch bekannt.

Zwei kleine Ohren
und dazwischen Dein Gesicht,
mitten drin die Nase
und ein Mund der manchmal spricht.

Zwei schöne Augen,
so glitzernd blau und klein,
schauen ganz neugierig
in die Welt hinein.

Ein kleiner Popo
und daran sind zwei Bein`,
und jedes Bein hat ein Füßchen dran,
und die sind noch ganz fein.

Zwei kleine Füße
und die haben zusammen zehn Zehen,
nicht nur damit Du stehen kannst,
sondern vor allem auch zum Gehen.

Eine Brust und einen Rücken,
ja dieses hast Du auch,
obendrauf Dein kluger Kopf
und weiter unten ist Dein Bauch.

Von Kopf bis Fuß
ist alles, ja alles an Dir dran;
denn Du bist ein richtiger Kerl,
fast sogar schon ein Mann.

Ein Gute-Nacht-Gedicht

In der Nacht um eins,
sehen Kinder Lichter keins,
denn sie schlafen stille,
das ist des Sandmanns Wille.

In der Nacht um zwei,
geht die Uhr schon bald auf halbdrei,
doch noch immer sind die Kinder still,
räkeln sich nur mal her, mal hin.

In der Nacht um drei,
hört man draußen so allerlei,
der Uhu ruft "hu hu",
es blökt das Schaf, es muht die Kuh.

In der Nacht um vier,
verlässt der Fuchs sein Revier,
und holt sich beim Bauern eine Gans,
doch ein Jäger hat`s gesehen
und schießt ihm in den Schwanz.

In der Nacht um fünf,
haben Kinder kalte Füß` ohne Strümpf,
die kleinsten von ihnen werden schon wach,
wenn sie haben in ihr Höschen sich gemacht.

In der Nacht um sechs,
glaubt nicht, da kommt die Hex`,
hier beginnt der Morgen und geht bis um neune,
die Sonne strahlt, die Vögel zwitschern
und der Hahn kräht in der Scheune.

Vater hält die Wacht

Lautlos bricht die Nacht herein,
verschwunden ist der letzte Sonnenschein.
Schlaf kommt in aller Menschen Glieder,
langsam senken sich überall die Augenlider.

Alle Welt geht nämlich jetzt zur Ruh
und alle Fenster, Türen schließt man zu.
Am düstren Himmel in der Ferne,
leuchten nur noch Mond und Sterne.

Sanft streicht ums Haus der Abendwind,
nun schlafe ein, mein Kind!
Dein Vater hält noch die Wacht
und wünscht Dir leise „Gute Nacht!".

Gute Nacht!

Horch in stiller Nacht,
was der Sternanzünder macht!
Er zündet Stern um Stern für Dich an,
denn er ist der Sternanzündermann.
Und noch weiter in der Ferne,
knipst ein andrer an die Mondlaterne.
Damit die Lichter alle scheinen in der Nacht,
wenn ein jedes Kind seinen Bubu macht.
Drum liebes Kind sei still und brav,
der Sternanzünder überwacht Deinen Schlaf.
Leise, leise hüpft er von Stern zu Stern,
denn wisse, er hat Dich gern.
Leise, leise springt dazu das Waldmännchen von Baum zu Baum,
und wünscht Dir einen guten Traum.
Ich sag` Dir jetzt darüber hinaus mit Bedacht,
habe nun eine Gute Nacht!

Wer hat den Mond ...?

Wer hat den Mond geklaut?
Sag`, wer hat sich das nur getraut?

Am Himmel stand er letzte Nacht,
doch wo hat er bloß den Tag heut` verbracht?

Strahlend hell war er zwischen den Sternen zu sehen,
doch nun ist er weg, was ist nur geschehen?

An seiner statt steht nun groß und hell,
die Sonne - oben am Himmel - an gleicher Stell`.

Doch auch die dunkle Nacht ist weg,
hab` schon nach ihr gesucht, doch es hatte keinen Zweck.

Ist der blaue Himmel zwar auch schön anzuschauen,
doch wer wagte es, den Mond und die Nacht zu klauen?

... aber was ist das jetzt zum Abend hin,
wo doch noch eben die Sonne am Himmel hing?

Just ist auch sie nicht mehr da;
vor den Himmelsdieben ist wohl alles und jeder in Gefahr!?

... doch später (ganz spät in dunkler Nacht),
da hat wohl so ein reuiger Dieb den Mond zurückgebracht.

Der Mondmann

Der Mondmann, der Mondmann...

... der zündet abends sein Lichtlein an,
damit Du ihn von der Erde aus siehst
und ihn nicht vergisst,
wenn er da oben
alleine zu Abend isst.

Der Mondmann, der Mondmann...

... der sieht Dich mit großen Augen
vom Mond aus an,
und höre genau zu wenn er spricht,
er erzählt Dir nämlich zum Einschlafen
ein wunderschönes Gedicht.

Der Mondmann, der Mondmann...

... der hat immer eine Schürze an.
Die Schürze steht ihm gut,
dazu trägt er einen Hut,
aber niemand sagt was, wenn`s ihm nicht steht,
da die Mondfrau fehlt.

Der Mondmann, der Mondmann...

... der hat`s immer allen recht getan.
Schau mal zu ihm rauf,
manchmal winkt er zu Dir her,
mir scheint er ist hin und wieder traurig,
so alleine da oben ist das Leben sicher schwer.

Träum ich oder wach ich?

*Ein Kind saß nachts auf einem Baum
und erzählte dem Mond von seinem Traum.
Der Mond, groß und rund,
hörte genau auf die Worte aus Kindes Mund.*

*„Lieber Mond, ich erzähl' Dir keine Mär,
höre mir gut zu und lache bitte nicht hinterher.
Es ist so, wie ich es Dir sag`,
ich erzähl's auch nur Dir, weil ich Dich so mag.*

*Da war ein weiser Mann,
der viele tolle Dinge zaubern kann.
Der Mann kam von weit, von des Berges Höhe
und hatte eine Schachtel voll mit Flöhe.*

*Die Flöhe ließ er für mich tanzen,
danach verwandelte er sie in Wanzen.
Aus den Wanzen machte er hernach Mäusespeck
und den Mäusespeck fraßen dann die Mäuse weg.*

*Die Mäuse wurden dick und rund
und hatten einen Riesenschlund.
Ja und Du glaubst es kaum,
zum Schluss fraßen die noch meinen Traum"*

*Da gab der Mond dem Kind auf die Wange einen Kuss,
damit es nicht noch mal so schreckliches träumen muss.
Sagte: „Sollst träumen in nächster Nacht von einem schönen Schimmel`
und verschwand dann hinter den Wolken weit oben am Himmel.*

Da kletterte das Kind wieder hinab vom Baum
und wurde wach aus seinem Traum.

Der Wind

Der Wind rauscht durch
Feld, Wies und Tal,
er braust sich auf,
vom Lüftchen
bis hin zum Orkan.

Was also macht der Wind?

Der Wind saust und braust und macht "huhu - huhu",
drum mache schnell alle Türen zu!

Der Wind fegt durch jedes Dorf
und jede Stadt,
er saust durch die Gassen;
wohl dem der ein windstilles Plätzchen
nun gefunden hat.

Was also macht der Wind?

Der Wind saust und braust und macht "huhu - huhu",
drum mache schnell die Fenster zu!

Der Wind stürmt
durch den Wald.
Er wirbelt und zwirbelt
und hastet und stobt,
und weht in jedes Zimmer ohne Gebot.

Was also macht der Wind?

Der Wind saust und braust und macht *"huhu - huhu"*,
drum gehe schnell ins Bettchen und decke Dich feste zu!

Schlaflied

Schlafe, mein Engel, schlaf ein,
Du sollst im Schlafe gut gewogen sein.

Schlafe, mein Bengel, schlaf ein,
der Traum zum Glück ist nun Dein.

Schlafe, mein Kindchen, schlaf ein,
in Deinem Herzen kehrt nun Frieden ein.

Schlafe, mein Büblein, schlaf ein,
viel Wasser rinnt dabei hinunter den Rhein.

Schlafe, mein Herzblatt, schlaf ein,
aus den Reben am Berge erwächst guter Wein.

Ja schlafe, mein Held, schlafe in Ruh`
und mache nun Deine Äuglein zu!

18

(Gute-Nacht-Gedicht)

Abendstimmung

Versinkt die Sonne am Abend,
leuchten ihre letzten Gluten
gold/rot in den Wolken am Himmelsfirmament.

Und auf der See ruht
das Abbild ihrer Lichtstrahlen,
im Wellenberg und -tal,
und sie schwimmen uns entgegen -
auf und ab.

Und langsam senkt sich über den Tag die Nacht,
das Tageswerk ist nun majestätisch zu Ende gebracht.

Und am Himmelssteg,
wo es zu den Sternen geht,
leuchtet der Mond bald sehr helle.

Doch ich rühre mich nicht von der Stelle
und lausche in die beginnende Finsternis hinein,
wo es immer stiller und stiller wird,
und mit Bedacht
höre ich die Welt sagen:
"Bis morgen, schlafe gut und Gute Nacht!".

19

Guten Morgen

Guten Morgen lieber Sonnenschein,
schick` mir Freude ins Herz hinein.

Küss mich mit deinen Strahlen
auf Wange, Haut und Haaren.

Küss mit deinem Mund
die Welt glücklich kugelrund.

Erhelle mit deinem Licht
Zeit und Raum

und wecke mich sanft
aus meinem Traum.

Mache den Tag hell und freundlich,
wie dein Licht,

auf das man in 100 Jahren
noch von dir spricht.

Und komme jeden Morgen wieder
und berühre sanft meine Augenlider.

auf das man freudig aufwacht - voll Wonne -
und sagt: "Guten Morgen, liebe Sonne!".

Morgengedicht

Die Sonne war aufgegangen,
die Vöglein sangen,
ein Lied so hell und klar.
Am Fenster stand ein Musiker schweigend
und seine Geige klang
bezaubernd – wunderbar.

So kommt die Welt in aller Fülle,
heraus aus ihrer stillen Hülle,
wo noch kein Mensch schmollt,
kein eitles Gejammer
herausdröhnt aus einer Kammer,
als ob alle Welt es hören wollt.

Und diese Ruhe will sagen,
lasst uns diesen Tag wagen,
es ist unsere Pflicht
Denn will man die Welt sehen,
muss man sie begreifen, ja an ihr reifen,
sonst erkennt man sie nicht.

Ist uns auch der Schlaf genommen,
wird Freude dennoch in uns kommen,
wenn jemand nettes zu uns spricht.
Seht die Sonne, die Vögel und das Meer,
sehet die Wolken, die Liebe und noch viel mehr,
aber seht auch das jüngste Gericht.

Vertreibt nun alle Sorgen
es bleibt dem Himmel nichts verborgen
wir wollen ja nicht viel,
nur etwas Glück uns borgen
mit einem Guten Morgen.
Das ist unser Ziel.

Du kleine Maus

Du kleine Maus,
ich kitzel Dich aus.
Ich kitzel Dich hier,
ich kitzel Dich da,
ich kitzel Dich unter den Füßen
so oh la laa.
Ich kitzel solange
bist Du lachst
und vor lauter lachen
komische Faxen machst.
Faxen machst Du
noch lange nicht (?),
sag` mir jetzt,
wo Du kitzelig bist!

Eins, zwei, drei - das Kitzeln ist noch nicht vorbei. ...

Du kleine Maus,
ich kitzel Dich aus,
sagst Du nicht,
wo kitzelig Du bist.
Dann kitzel ich Dich hier
und kitzel Dich da,
und lache Du nur
ganz wunderbar.
So wird gekitzelt
immer fort,
mal hier -
und auch mal dort.

Und hast Du genug,
dann sagst Du: "Aus!",
und ausgekitzelt
ist meine kleine Maus.

Der Wurm

Ein kleiner Wurm,
man sieht ihn kaum,
sitzt auf einem Birnenbaum.

Er bewegt sich her
und bewegt sich hin
und ist auch schon mal in einer Birne drin.

Da schaut er nun mit dem Köpfchen,
aus seiner Birne raus
und tut so, als wäre er in einem Haus.

Doch lange bleibt er nicht dort,
denn die Birne könnte fallen
und dabei heftig auf den Boden knallen.

Zudem scheint es ihm
sind sie zu süß oder zu fad,
manche gar zu weich oder zu hart.

Doch wie er sich da oben bewegt,
sich dreht und sich windet,
er doch nicht die richtige Birne findet.

Doch dann kam es ihm - wie ein Blitz -
tief in den Sinn:
"in einem Apfel war ich noch gar nicht drin".

So verließ er seinen Platz
und zog um,
denn so ein Würmchen ist ja nicht dumm.

Und das Ende der Geschicht`:

Ein kleiner Wurm,
man sieht ihn kaum,
sitzt von nun an auf einem Apfelbaum.

Wurm - Specht

In jedem Baum,
das wissen wir,
hat `ne Holzwurmfamilie
ihr Quartier.

Im stillen Wald
hören wir den Specht,
der besucht die Holzwurmfamilie.
Doch ist der das recht?

Poch, poch, poch!,
klopft der Specht am Baum:
"Ist jemand zuhause?
Man sieht euch kaum.".

Und er fragt froh und munter weiter:
"Hier ist der Specht vor eurem Haus.
Wollt ihr Besuch?
Dann komm` mal einer zu mir raus!"

Die Holzwurmmama,
so freundlich wie sie immer war,
rief: "Es hat geklopft, ist jemand da?
Haben wir Besuch zu Neujahr?"

Neugierig wie sie nun auch mal ist,
schaute sie aus ihrem Baume heraus,
da schnappte der Specht sofort zu
und mit ihr war`s aus.

So ergeht es jedem Holzwurm
der zu neugierig ist,
der Specht kommt nur zu Besuch,
weil er gerne Holzwürmer frisst.

Tierisch

Der Eisbär schwitzt im dicken Fell,
drum bleibt er liegen und läuft nicht schnell.

Der Pinguin dagegen lacht sehr froh,
trägt er doch stolz vorne Frack und hinten Po.

Die Maus dagegen, die Kleine,
rennt sehr schnell, dennoch hat sie kurze Beine.

Viel längere Beine hat dagegen eine Giraffe,
da staunt selbst der dümmste Affe.

Das Murmeltier hingegen schläft sehr viel,
und wenn es nicht aufpasst, frisst ihn das Krokodil.

Und so manche Kuh macht gelangweilt immer "muh",
dagegen hüpft ganz sportlich immerzu das Känguruh.

Indes singt auf einem Baum in allerschönster Weise,
vom Frühling ein Lied die kleine Meise.

Um jedoch alle Tiere sehen zu können,
schlage dir durch das Leben eine Schneise ...

... und gehe von Zeit zu Zeit
auf die Reise, Reise.

Warum?

"Warum heißen Pferde *Pferde?*"
"Nun, sie galoppieren viel auf der **Erde**.
Wandelten sie nur durch **Auen**,
hießen sie wahrscheinlich **Pfauen**."

"Warum heißt dann eine Schlange *Schlange?*"
"Nun, sie ist so **lange**.
Wäre sie sehr **kurz**,
hieß sie wohl nur **Schlurz**."

"Warum aber heißen Affen *Affen?*"
"Ja die Affen, die tun viel **gaffen**.
Täten sie lieber Pfeife **paffen**,
wären sie wohl eher **Pfaffen**."

"Warum heißt dann ein Schaf *Schaf?*"
"Oh, es ist so lahm, als wäre es immer im **Schlaf**.
Selten ist es richtig munter und **wach**,
drum könnte es auch heißen **Schwach**."

"Warum aber heißen Schnecken *Schnecken?*"
"Ja die Schnecken, die können sich im Gras gut **verstecken**.
Könnte man sie jedoch nur in der Dunkelheit ent**decken**,
hießen sie wohl eher **Schrecken**."

"Und warum heiße ich *Klaus?*"
"Nun, Du bist halt eine kleine **Maus**.
Wärst Du noch kleiner, so wie die **Laus**,
bliebst Du besser zu**haus**."

Quak

Hallo Kinder, nicht verzagen,
heute wird der Frosch es uns wohl sagen.
Darum zu ihm hin, wer ihn verstehen kann,
und höret den Frosch Euch ja gut an.

Also nicht auf der faulen Haut länger liegen,
tut nur ja schnell die Kurve kriegen,
ihr habt auch keine and're Wahl,
nur dieses eine - ja eine - Mal.

Der Hans, der Erich und auch Du,
gehet hin zum Frosch und hört ihm zu.
Lustig wie die Kinder nun zum Wasser geh'n,
als würden sie dort bald Geister seh'n.

Begeben sich alle hin wo die Frösche sitzen
und fangen an die Ohren zu spitzen.
Ja so ist's fein, wie ich es mag -
und der Frosch sagte, was er immer sagt:

"Quak-quak, Quak-quak".

Auf den Bär gekommen

Es war einmal …
ein einsamer Bär,
der hatte keine Familie mehr.

Und auch Freunde
hatte er nicht.
Lag`s am dicken Fell oder an seinem Gesicht?

So zog er aus dem Wald hinaus,
in eine große Stadt,
um zu sehen, ob sie auch Bären hat.

Schnell wurde er fündig,
obwohl kein Bär dem anderen glich,
doch nahm er alle mit und keiner ließ ihn im Stich.

Sie alle hatten Namen,
irgendetwas mit „bär",
damit man sieht, dass es eine Familie wär.

Hier nun die Namen:

Hubschraubär, Himbär, Brombär, Stachelbär,
Erdbär, Johannisbär, Preißelbär, Blaubär.

Und wollt Ihr noch andere Bären finden?
Dann geht in die Welt hinaus, und lasst sie Euch aufbinden!

33

Kettenreaktion

Die Würmer werden gefressen von Meisen,
als Kraftfutter auf ihren Reisen.

Die Meisen holt sich der Kater,
soviel er fangen kann, andere verjagt er.

Ein Hund hat den Kater gesehen,
da war's auch schon um ihn geschehen.

Pardauz, um die Ecke schoss ein Auto rum,
das haute doch glatt dieses Hündlein mit dem Kater um.

In das Auto fuhr hinein 'ne Bahn,
da konnte es nicht mehr fahr'n.

Nach Bahn, Auto, Hund, Kater, Meise, Wurm
brach noch los ein Sturm.

Und mit dem Sturm kam beiläufig ein Gewitter,
das war ganz schön bitter.

Ein Blitz schlug nämlich hinein in ein Haus.
Doch Stopp! Das reicht! Jetzt ist das Gedicht besser aus.

Piepmatz

Unser Piepmatz ist der Kiki,
er hat ein paar rote Federn
und kommt aus Tahiti.
Und wenn es Nacht wird gibt er Ruh`
und macht dann seine Äuglein zu.

Unser Piepmatz ist der Kiki,
er hat ein paar grüne Federn
und macht gerne auch mal Pipi.
Und kommt schnäbelnd eine Piepmätzin daher,
zeigt er: er ist der Herr.

Unser Piepmatz ist der Kiki,
er hat ein paar gelbe Federn
und zwei Titi.
Jetzt weiß ich nicht warum genau,
aber ich glaube, er ist `ne Frau.

Das Fest der Tiere

"Hurra, wir geben ein Fest!"
sprach die Meise aus ihrem Nest.

"Wo denn, wo?"
fragte sofort der Floh.

"Ich weiß nicht recht ....?"
meldete sich dazwischen nachdenklich der Specht.

"Aber ich, aber ich!"
ereiferte sich sofort der Fisch.

"Na dann ziehen wir doch los!"
schlug der Hase vor, so ganz famos.

Und selbst der Fuchs in seinem Bau,
rief: "Los auf, hin zu Schweinchen Schlau!"

Und dort bei der Musik im Laternenlicht bemerkte das schlaue Schwein:
"So friedlich sollte es immer sein!"

Alles tanzte und sang,
die Freude war im Überschwang.

Vom zarten Eichhörnchen bis hin zum starken Stiere,
alles amüsierte sich – beim Fest der Tiere.

Das Glühwürmchen

Wer leuchtet da nachts im Märchenwald so still vor sich hin?
Es ist das Würmchen - mit der Glühlampe drin!
Es leuchtet hier, es leuchtet dort, es leuchtet überall,
so groß und hell wie ein Feuerball.

Von den Glühwürmchen sieht man erst eins,
dann sind es zwei, dann drei,
von überall her leuchten sie,
von überall kommen sie geschwind herbei.

Sie weisen den Suchenden in der Dunkelheit den Weg,
die Elfen und die Zwerge folgen ihnen, soweit es nur geht.
Sie leuchten wie die Sterne in der Nacht,
tanzend in der Luft, leise vom Mondesschein bedacht.

Verwunschen, verzaubert, wie aus einem anderen Reich,
dort wo die Feen wohnen, ganz weit hinterm Zauberteich;
... ja so überraschend schauen sie aus, in ihrer ganzen Pracht,
als hätte ein Zauberer sie gemacht.

Doch wer hat je schon mal ein Würmchen gesehen,
das mit seiner Lampe leuchtet den Elfen den Weg?
Wer hat je schon mal ein Würmchen fliegen gesehen?
Ob das überhaupt geht?

Sind es die Magier im Wunderland, die dafür sorgen,
dass ein Glühwürmchen auch fliegen und leuchten kann?
Oder ist das alles nur ein Traum?
Aber nein, aber nein, es ist nicht alles nur Schein, wohl kaum ...

... nicht alles ist nur ein Traum!

Herr Kübel

Es saß Herr Kübel
auf einem Ameisenhügel.
Er fand, er hat`s bequem -
für die Ameisen aber war`s unangenehm.
Die dachten, was riecht denn hier so?
Es war Herr Kübel`s Po!
Da krabbelten sie an ihm hinauf,
doch Herr Kübel stand trotzdem nicht auf.
So taten die Ameisen, was sie immer gern tun,
sie zwickten und zwackten ihn nun.
Da lachte Herr Kübel: "Hihi! Hoho!
Wer kitzelt mich denn hier so?".
Er schüttelte sich kräftig vor Lachen aus
und ging dann zurück nach Haus.

Wiedersehensfreude

Der Bär labt sich am Honig
mild.
Der Tiger ist gar gefährlich
wild.
Die Kuh ist träge und schnauft nur:
"muh".
Und sag` nun Schnuckelchen, was machst
Du?

Das Eichhörnchen sucht die Hasel-
nuss.
Kleine Babys bekommen auf die Wange einen
Kuss.
Der Vogel Strauß bekommt sein Baby aus dem
Ei.
Doch pass auf Liebling, das Gedicht ist gleich vor-
bei.

Die Katze ist hungrig und schreit:
"miau".
Von den Bäumen tropft morgens glitzernd der Sonnen-
tau.
In den Bergen taut derweil der
Schnee.
Und ich freue mich, wenn ich Dich endlich wieder-
seh`!

Die Mücke

Es war mal eine Mücke,
hoch wohl geboren und stets im Glücke.
Die war so froh wie der Wind
und flog umher auch so geschwind.

Am Tag schlief sie tief und fest
und in der Nacht erst kam sie aus ihrem Nest.
Da war sie durstig und heiß wie Glut
und wollte nur noch eines: Blut – Blut – Blut!

Aber pieksen und wehtun wollte sie nie -
niemanden stechen an Arm, Bein oder Knie.
Friedlich war die Mücke, damit ihr es wisst,
sie stach nur zu, damit man sie nicht so schnell vergisst.

Fliege Balthasar

Ich bin die Stubenfliege Balthasar,
bin nicht dicker als ein paar Haar'.

Ich fliege gerne in der Stube umher,
mal hoch, mal runter, mal kreuz und quer.

Was ich nicht kann verstehen,
die Menschen jagen mich, wenn sie mich sehen.

Dabei bin ich doch so klein und piekse nicht,
also warum jagen die mich?

Da läuft der Mensch auf mich zu mit 'ner Klatsche.
Trifft der mich, oh Gott, dann bin ich Matsche.

Denkt man daran nur, ach oh Schreck,
dann wäre ja der Balthasar weg.

Doch so weit darf es nicht kommen,
darum bin ich nun auf den Hund gekommen.

Mache mich nun breit in seinem wuscheligen Haar,
denn ich bin die schlaue Stubenfliege Balthasar.

Also macht's gut ihr Menschen, auf Wiedersehen,
ich werde jetzt mit dem Hündchen Gassi gehen.

Der Aufstand

Es zwitschert im Tal
nach Herzenslust,
ein kleiner Vogel,
der vom Leben
wohl noch viel lernen muss.

Das - egal zu welcher Tageszeit -
dies ruhestörend dem Mensch erscheint,
hat er noch nicht richtig begriffen
und deshalb fröhlich weitergepfiffen.

Und ehe der Vogel
den verärgerten Mensch
nun bemerkt
und sich auf Ruhe besinnt,
der Mensch die Jagd
auf den Vogel nun beginnt.

Der Vogel
- durch des Menschen wütendes Geschrei -
jetzt auch selber richtig geisteswach,
flieht ...
und bringt sich in Windeseile
auf einem anderen Baum in Sicherheit.

(Wer hätte das von dem kleinen Vogel nun gedacht?)

Der wütende Mensch,
der den kleinen Vogel nun sucht
und fluchend nach ihm schreit,
kann ihn überhaupt nicht finden.

Der Mensch sich also langsam wieder beruhigt
und lässt sich im Grase nieder
und fängt selber an zu singen -
fröhliche Lieder!

Durch das Lied
fühlt sich der Vogel in seiner
Todesangst nun befreit
und stimmt fröhlich zwitschernd
in das Lied nun ein.

Und im Tal
- welch ein Genuss -
hört man einen singenden Menschen
und einen kleinen Vogel,
als ob nur Liebe und Friede
dort gedeihen muss.

Aber keiner von beiden bemerkt,
dass woanders nun Unfriede gedeiht,
weil man noch mehr Menschen im Tal
aus der Ruhe nun befreit.

Und ehe der Mensch und der kleine Vogel
gedenken sich zu besinnen,
kann die Jagd
auf den Vogel und den Mensch
nun beginnen.

Die beiden
- durch der anderen Menschen wütendes Geschrei -
bemerken
dass Singen nun ruhestörend sei,
nehmen beide ihre Füße in die Hände
und verstecken sich im Gelände.

Und da verstecken sie sich nun im Tal
und überall ist wütendes Geschrei
und jeder fragt:
wer der Ruhestörer denn jetzt wohl sei?

Und keiner kommt zu dem richtigen Schluss,

dass sich jeder selbst erst einmal
an die eigene Nase fassen muss!

Mein Kuschelmonster

Munter kuschelt mein Schatz -
mein kleiner Kuschelmonsterfratz.
Von früh bis spät,
von spät bis in die Frühe,
so gern, so viel und ohne Mühe.

Und so ein Kuschelmonster hat sein eigenes Revier,
schmusen und kuscheln darf alleine er nur hier,
und so ein Kuschelmonster macht Rabatz,
macht ihm zum Kuscheln keiner Platz.

Kuscheln tut er hier und kuscheln tut er da,
kuscheln findet er ganz wunderbar.
Kuscheln ist herzlich, ganz ohne Trick,
kuscheln finden Kuschelmonster richtig chic.

Kuschelmonster schmusen gerne,
möglichst nah und nicht aus der Ferne.
Und so ein Kuschelmonster macht Trara,
ist zum Kuscheln keiner für ihn da.

Kuschelmonster kuscheln gerne laut,
besonders dann, ist das leise Kuscheln nicht erlaubt.
Und stört das Kuscheln in lauter Weise,
dann kuschelt das Kuschelmonster leise, leise.

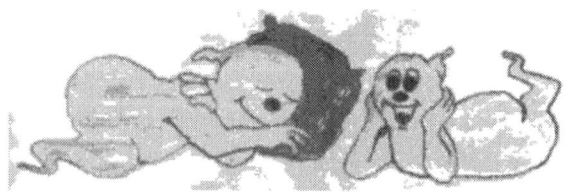

Angst vor Spuk

Es scheint, es spukt in der Nacht,
wenn leis` man im Bettchen wacht.

Hat man nicht im Dunkeln einen Schatten gesehen?
Höre ich da nicht still leises Flehen?

Es krabbelt, es raschelt, es rauscht immerdar,
die Angst im Köpfchen sagt: "Achtung - pass auf! Gefahr!"

Nun ganz schauderlich wird da wohl einem zumute,
doch soll es nicht auch Geister geben, Gute?

Dagegen höre ich nicht um Mitternacht schäbiges Lachen,
wenn Geister und Gespenster ihren Unfug machen?

Doch wie es mit Spukdingen so ist bestellt,
erfährt man erst, wenn man sich frech dazu gesellt.

Dann macht man Licht an und sagt: "Ich habe Mut, ja!"
und man wird sehen, Geister und Gespenster waren niemals da.

King Kong

Im Hochhausdschungel stampft umher
ein riesengroßer Teddybär.

Was macht das seltsame Tier in dieser Stadt,
die den schönen Namen Hongkong hat?

Ding Dong - Ding Dong,
wohnt hier Herr King Kong?

Teddy wünscht sich seinen Freund den Gorilla her,
doch er weiß nicht wo er suchen soll, der dumme Bär.

Er sieht nur Straßen und Häuser in der Stadt,
aber niemanden der seinen Gorilla je gesehen hat.

Ding Dong - Ding Dong,
wohnt hier Herr King Kong?

Der Teddy staunt nicht schlecht,
im Spielzeughaus findet er alle Tiere bis hin zum Specht.

Nur sein Gorilla war dort nicht zu sehen
und so sagte er: "Bis bald, auf Wiedersehen!"

Ding Dong - Ding Dong,
wohnt hier Herr King Kong?

Und in den Straßenschluchten stampft noch immer umher,
dieser unheimlich große Teddybär.

Er geht von Haus zu Haus,
und fragt die Leute nach seinem Gorilla aus.

Ding Dong - Ding Dong,
wohnt hier Herr King Kong?

Und schellt es mal von Tür zu Tür in Deiner Stadt,

frag Du mal nach, ob jemand einen großen Teddybären gesehen hat.

Schellt es dann auch bei Dir, hole erst die Mama,
vielleicht ist es doch nicht der Teddy, aber ein Gorilla aus Afrika.

Ding Dong - Ding Dong,
ich bin der King Kong!

Sucht den Daniel!

Eike, Thomas, Robert und Erika,
die alle bleiben da.

Sarah, Klaus, Max und Astrid,
die alle kommen mit.

Otto, Nina, Melanie und Didier,
diese vier bleiben hier.

Annette, Tanja, Sven und Ruben,
ihr müsst den Daniel suchen.

Felix, Julia, Florian und Marcel,
geht und sucht den Daniel.

Rechenkünste

Eins und eins sind zwei,
Kind, dieses Jahr gibt`s ne Fliegerei.
Dann fliegen wir am Tag und in der Nacht,
schau, vier und vier sind acht.

Drei und vier sind sieben,
kein Wandervogel ist zuhause geblieben.
Geschwind kommt der Sommer schon herbei,
eins und zwei sind drei.

Zwei und zwei sind vier,
alle fahren in Urlaub, kein Mensch bleibt hier.
Es reisen die Zwerge und auch die Schlümpf`,
zwei und drei sind fünf.

Drei mal drei sind neun,
auf den Urlaub kann sich ein jeder freu`n.
Dann hat man Zeit für Spiele,
drei mal acht mal zehn sind viele.

Ausgezählt

Zauberstab und Hexenstiel,
wer nicht lieb sein will, der lacht sehr viel.
Rabe, Hex` und Zaubermaus,
eins, zwei, drei und du bist raus.

Raus bist Du!

Winfried, Therese, Guido und Lu,
eins, zwei, drei und raus bist du.

Willy, Volker, Paul und Florian,
eins, zwei, drei und du bist dran.

Sören, Patrick, Maren und Derek,
eins, zwei, drei und du bist weg.

Achim, Susanne, Thorsten und Klaus,
eins, zwei, drei und du bist raus.

April

April, April –
ein jeder neckt wen er will.

Wer am besten schwindeln kann,
schmiert die meisten Leute an.

April, April –
da bleibt kein Kindlein still.

Kindlein erzählt am liebsten Frau und Mann,
was nicht alles stimmen kann.

April, April –
alle Lehrer fahren nach Brasil.

Heute haben die Kinder Schule frei
und damit Zeit für Narretei.

April, April –
weißt du was ich will?

Ich erzähl' dir was, was nicht kann sein
und du fällst drauf rein!

Kindergartengespräch

Zuhause habe ich einen großen Luftballon.

"Ich auch."

Aber zuhause habe ich auch noch ein ganz großes Tretauto.

"Ich auch."

Dazu habe ich außerdem einen Anhänger und einen Kran.

"Ich auch."

Ich habe aber zuhause dazu noch einen riesen-riesen großen Teddybär.

"Ich auch."

Letztens roch der mal nach faulen Eiern.

" ... "

Dein Schatten

Hast Du schon mal
Deinen eigenen Schatten gesehen?
Läufst Du, läuft er mit.
Stehst Du, bleibt er stehen.

Fängst Du nun zu laufen an,
bleibt er stets dicht an Dir dran.
Machst Du Sprünge, hoch und weit,
macht er es sich unter Dir ziemlich breit.

Gehst Du nun einen Schritt zurück,
ist er mitgerückt - das gleiche Stück.
Hast Du die Sonne im Visier,
dann ist er stets hinter Dir.

Scheint Dir dagegen die Sonne hinten aufs Jackett,
wandert der Schatten vor Dir her, ist doch nett.
Doch Ruh hast Du erst vor ihm in dunkler Nacht,
wenn der Schatten seinen Bu-Bu macht.

Sieben Tage

Die Woche ist sieben Tage lang
und fängt bei mir am Montag an.

Am Montag kann ich's kaum erwarten,
darf ich endlich in den Kindergarten.

Am Dienstag, der Tag ist lange,
klebe ich mir Abziehbilder auf die Wange.

Am Mittwoch dann oh Schreck,
läuft mir doch glatt mein Hamster weg.

Am Donnerstag, ich geb's ja nicht gerne zu,
spielen wir im Kindergarten Känguru.

Am Freitag darf mein Freund mich besuchen,
wir backen dann im Sandkasten Käsekuchen.

Am Samstag habe ich nicht viel zu lachen,
darf ich heute nicht in den Kindergarten.

Der Sonntag ist langweilig wie ein alter Schuh,
da haben doch immer alle Geschäfte zu.

57

Wünsche

Der Franju aus Peru,
der wünscht sich ein kleines Känguruh.

Sein Bruder Winnetou
wünscht sich einen Bär dazu.

Der musikalische Peter,
der wünscht sich zu hören einen Trompeter.

Dem Jan macht dies aber zu viel Krach
und wünscht sich daher lieber Ohropax.

Die Wilhelmine, der ist langweilig,
die wünscht sich viele Spiele.

Die Mamu, mit Spitzname "Kakadu",
wünscht sich dagegen lieber 'ne echte Kuh.

Der Pit bleibt dafür gerne fit,
und wünscht sich einen langen Pferderitt.

Mein Daniel, dieser liebe Schatz,
hätte sicher gerne einen eigenen Spielplatz.

Und ich? Was wünsche ich mir?
Ich wünsche mir, einfach zu sein bei Dir!

Was ich mir zum Geburtstag wünsche

Ich wünsche mir was nicht jeder hat,
einen echten großen Zinnsoldat,
mit dem kann ich spielen.

Zum Zinnsoldaten wünsche ich mir
eine Prinzessin am Klavier,
dort können sie sich verlieben.

Die Prinzessin macht dann alle blass vor Neid,
trägt sie doch das schönste Kleid,
nur kann sie noch nicht fliegen.

Drum wünsche ich mir ein Flugzeug herbei
und beide lernen die Fliegerei,
dann können sie dem Mond die Sicheln verbiegen.

Und fliegen sie mir dann zu viel,
wünsche ich mir ein neues Spiel,
das darf aber nur ich dann kriegen.

Geburtstagsgruß

Ich wünsche Dir stets viel Glück,
wie es gibt Sandkörner am Strand so viele Stück.

Immer soll es gut Dir ergeh`n,
auf dass keine dunklen Wolken über Deinem Köpflein steh`n.

Niemals sollst Du haben schlechte Tage,
drum höre, was ich Dir nun sage:

sei immer froh und munter,
lass` Dich von niemandem kriegen unter,

höre nicht auf schlechter Leut` Gesang,
habe immer Mut, sei niemals bang.

Und wenn Du meinst, es geht nicht weiter,
bleibe dennoch ruhig und heiter,

dann kommst Du zu Deinem Herrn Papa,
der ist nämlich immer für Dich da.

Und weil ich Dich so sehr mag,
wünsche ich Dir auch so vieles zu Deinem Geburtstag.

Viel Glück, Gesundheit, Liebe und was Du gerne magst,
damit Du im Leben immer nur Positives hast und sagst.

Drum sei glücklich, Sohn, immerdar,
vor allem in Deinem neuen Lebensjahr.

So nimm noch an zu gutem Schluss,
von mir einen dicken Geburtstagskuss!

Im Spielzeughaus

In Raum Nr. 10,
da kann man die neuesten Spielzeuge seh'n.

In Raum Nr. 9,
tun Hunde Katzen betreu'n.

In Raum Nr. 8,
da ist vor jeder Nacht Hundeandacht.

In Raum Nr. 7,
üben die jungen Puppenvögel das Fliegen.

In Raum Nr. 6,
gibt es für jede Bösartigkeit eine Hex`.

In Raum Nr. 5,
gibt es für die Puppen passende Strümpf`.

In Raum Nr. 4,
da steht für die Katzen ein Klavier.

In Raum Nr. 3,
gibt es an Spielzeug so allerlei.

In Raum Nr. 2,
veranstalten kleine Schweinchen eine Sauerei.

In Raum Nr. 1,
da ist alles meins, dort hat`s aber leider Spielzeug keins.

Die Uhr macht tick-tack

Die Uhr macht Stunde für Stunde tick-tack, tick-tack,
ruckel-die-ruck und ruckel-die-rack,
tick-tack, tick-tack.

Um acht ist die Katze im Sack und macht ebenfalls
ruckel-die-ruck und ruckel-die-rack,
tick-tack, tick-tack.

Um neune ist der Kater in der Scheune, dort geht`s
ruckel-die-ruck und ruckel-die-rack,
tick-tack, tick-tack.

Um zehn will der Hund noch Gassi gehen, ganz schnell, so
ruckel-die-ruck und ruckel-die-rack,
tick-tack, tick-tack.

Um elf Uhr zieht der Hamster an der Schnur, ganz sanft und leise
ruckel-die-ruck und ruckel-die-rack,
tick-tack, tick-tack.

Um Mitternacht dagegen ist der Papagei im Käfig ein richtiger
Labersack, man hört ihn ständig
ruckel-die-ruck und ruckel-die-rack,
tick-tack, tick-tack.

Und wenn dann am frühen Morgen der Hahn kräht in der Scheune,
hört man die Menschen überall
ruckel-die-ruck und ruckel-die-rack,
tick-tack, tick-tack ..... tick-tack.

Das Kinderkarussell

Es dreht sich im Kreise herum
das Kinderkarussell,
es fährt mal langsam
und fährt mal schnell.

Die Pferdchen bewegen sich
auf und ab,
das Motorrad macht
piff-paff, piff-paff.

Und die Feuerwehr macht
klingeling-klingeling,
weil ein Kindchen dies
so haben will.

Das Polizeiauto macht
tatü-tata,
aber vor ihm fährt die Kutsche,
ha-ha, ha-ha.

Die Musik spielt leierig
aus Zeiten von altem Glanz,
aber ein fröhliches Gesicht dazu
macht der kleine Hans.

Die vielen bunten Lichter erhellen
der Kinder Gesichter
und Deines dazu,
ja Deines dazu,

denn Du sitzt stolz auf einer Kuh,
welche im Kreise sich dreht,
und die macht
muh-muh, muh-muh.

Der Schatz

Ein Schatz, wie Ihr sicher wisst,
eine besonders große Freude für den Menschen ist.

Doch was ist ein Schatz denn schon, noch gleich?
Etwa Juwelen und Golddukaten aus des Königs Reich?

Oder ist es etwa viel Geld, eine Villa, selbst gar eine Yacht?
Ist es das, was uns möglicherweise so sehr Freude macht?

Ist für uns ein Schatz eine neue Liebe oder auch nur ein Mercedes Benz?
Oder ist es die Freiheit faul zu sein - sich zu machen einen Lenz?

Liegt der Schatz vielleicht gar weit in der Ferne?
Wollt Ihr ihn Euch holen? Aber gerne!

Wo man auch sucht, ob nah - ob fern,
einen Schatz hat ein jeder gern.

Doch so sehr jeder seinen Schatz vermisst,
über sich selbst und seinen Wert nachzudenken meist er vergisst.

Ja Ihr lieben Leute, hier mein Einspruch, seid so gut und vergelt's,
das Abenteuer und der wahre Schatz sind wir doch wohl selbst !?!

Was isst denn gerne Du?

Ein jeder isst, was er gerne mag:

beispielsweise gibt es da einen alten Pirat,
er isst gerne Kopfsalat.

Sein Koch dagegen, in seiner Schiffskombüse,
isst am liebsten frisches Gemüse.

Deren Kapitän, ein Mensch von stattlichem Format,
isst am vornehmsten Blattspinat.

Als Gast an Bord ein Wilder, ein richtiger Hottentotte,
isst am liebsten aus dem Meer die Sprotte.

An Deck die Crew, wenn sie sitzt bei Mittag brav zu Tisch,
isst am liebsten auch den frischgefangenen Fisch.

Und was isst gerne Du?

Da Du immer so wenig isst, glaube ich,
Du schaust nur gerne zu!

Die Piraten

Die Piraten, die Piraten,
werfen mit Tomaten.
Ob Piratenfrau oder -mann,
jeder wirft so fest er kann.

Egal ob frische Tomaten oder davon die faulen,
da gibt es gar nichts zu maulen.
Und hin und wieder ist dazwischen auch ein Ei,
mein Gott, ist das `ne Stinkerei.

Die Piraten, die Piraten,
werfen mit Tomaten,
eins, zwei, drei ...
ich glaube der letzte Schuss der ging vorbei.

Und haben die Piraten keine Tomaten mehr,
dann holen sie sich ihr Schießgewehr
und schießen dem Feind in den Po,
da lachen sie und sind bösartig froh.

Oh die Piraten,
ich kann es euch verraten,
die Piraten sind so was von gemein,
drum sollst ein Pirat auch Du niemals sein.

Wenn Daniel schläft ...

Nachts besuchten mal Daniel zehn Heinzelmänner,
die kamen alle tief von unten, tiefer noch als aus dem Keller.

Der erste zog sich auf Daniels Bett seine schmutzigen Schuhe aus,
der zweite nahm sich zum spielen eine Micky-Maus,
der dritte legte sich zum Dösen unter Daniel sein Bettchen,
der vierte spielte Ping-Pong mit einem Brettchen,
der fünfte zog sich Daniels neue Strümpfe an,
der sechste benahm sich daraufhin wie ein Hampelmann,
der siebte zwickte Daniel im Schlaf und lachte,
der achte stupste eine Vase vom Tisch - das sie auf den Boden krachte,
der neunte plapperte: "... ach du Schreck, jetzt hat die Vase ein Leck!",
da sprach der zehnte schnell: "Ene, mene, meck, jetzt sind wir alle
wieder weg!".

Ja, eines Nachts besuchten mal Daniel zehn Heinzelmänner, die sich sehr
schlecht benahmen,
und sie verschwanden alle schnell wieder - woher sie kamen.

Und schläft Daniel in anderen Nächten auch so fest,
dann kommen sie wieder und feiern bei ihm ein Hochzeitsfest.

71

Daniel war im Zwergenland

Eines Morgens wachte Daniel auf
in seinem Heimatstädtchen.
Doch was war das?
Er lag ja gar nicht mehr in seinem Bettchen!?

Die Zwerge aus seinem Traum
(oooh ihr glaubt es sicher kaum)
haben ihn einfach mitgenommen -
und sind mit ihm durchs Traumland geschwommen.

Nun war Daniel im Zwergenland,
wo er sich als kleiner Riese wiederfand.
Um ihn herum tollten umher:
Zwerge, Kobolde, Wichte und noch viele andere mehr.

Sie sangen ihm ein Lied vor - ganz wunderbar,
doch Daniel glaubte kaum
(als wäre es noch immer ein Traum)
was alles um ihn herum geschah.

Sie hüpften und schobten
und tanzten und stobten,
und alles geschah so geschwind -
flugs wie der Wind.

Und genauso schnell wie sie kamen
waren sie plötzlich alle auf einmal weg -
und Daniel saß nun wieder zuhause
in seinem kuschelig warmen Bett.

Wackelzahn

Immer gut die Zähne putzen,
morgens, abends, dem Essen hinterher,
auch wenn das Zähneputzen
jedem Kind fällt doch so schwer.

Ohne Zähneputzen hat man Karies,
und der nagt dann an jedem Zahn,
mal heimlich an den Backenzähnen,
mal sind die Schneidezähne dran.

Das Zahnfleisch, das feine,
wird vom Karies dann malträtiert
und immer mehr vom Zahn
weggeführt.

Erst wackelt leicht
der erste Zahn,
später wackeln alle,
wie auf einer Achterbahn.

Drum gilt: Je mehr die Borsten
über die Zähne flitzen,
umso blendender
die Zähne blitzen.

Am besten fegt die Bürste über die Zähne
feste hin und her,
so kriegt man Wackelzähne
fast nie mehr.

Nehme Zahnpasta reichlich,
sei fleißig, habe dazu den festen Willen,
dann vertreibst du den Karies
auch aus allen Rillen.

Drum sei zu deinen Zähnen immer nett
und gehe nie

ohne Zähne zu bürsten
in dein Bett.

Spül' gut aus den Mund
mit Wasser aus dem Hahn,
dann grüßt dich auch nie mehr:
Meister Wackelzahn.

kleiner Riese – großer Zwerg

Der Riese Gulliver stampfte durch das Land,
von einem Staat durch andere Staaten.
Aus dem Lande Liliput musste er weg,
er war dort zu groß geraten.

Unter ihm brachen selbst Geäst und Baum
und niemand folgte seinem schnellen Schritte,
daher kam er schon bald im Land der Riesen an,
mit festem Tritte.

Im Reich der Titanen war der Liliputaner nun geraten,
die Grashalme wuchsen hier hoch in der Wiese,
man glaubte es kaum, so hoch wie er,
denn hier war er nur ein kleiner Riese.

Dagegen die Zwerge dort,
die solltet ihr auch mal sehen,
die waren riesengroß,
sah man sie neben Gulliver stehen.

Drum ist die Pointe der Geschicht`
(dieses kleinen Gedichtes),
groß und klein können dasselbe sein,
es ist nur eine Frage des Gewichtes!

76

Gruß eines Wandersmann

Durch deutsche Auen wandernd,
mit hellem Blick,
vor sich im Auge das Ziel,
im Gepäck hinter sich das Glück,
lachend wie die Sonne
und ein fröhliches Liedchen auf den Lippen,
dabei tief Luft einatmend und voller Kraft,
gehe ich
- in Romantik und Poesie -
durch das Leben.

Und in meinen Augen,
welch` heller lichter Schein,
zieht des Glückes Freude in mir ein.
Es treibt mich weiter, immer weiter voran,
wandere von hier nach dort - ganz spontan.

Und diese Leidenschaft durchzieht mich
wie ein wilder Fluss,
drum bekommst Du auch symbolisch zum Gruße
von mir auf jede Wange einen kleinen Kuss.

Und aus der Ferne,
von der Höhen Gipfeln
und der Bäume Wipfeln,
höre wie es schallt:
"Ich komme, ich komme bald!".

Auf Reise

Komm her mein Sohn
lass Dich fragen,
soll durch die Welt
ich Dich mal tragen?

Von der Mosel
bis zum Belt,
wandern wir dann
durch die Welt.

Durch blühende Auen
und karges Land,
über Berg und Tal
beide Hand in Hand.

Und ist die Zeit
auch mal schwer,
fahren wir weit hinaus
auf das Meer.

Erträumen uns dabei
so allerlei,
und essen Speck
und Hirsebrei.

Und ist Deine Lust
auf Wanderung verpufft,
segeln wir dann zurück
durch die Luft.

Dann bist Du wieder daheim
an Mamas Herd,
aber Du weißt,
das war die Reise wert.

Weltreise

Willst du um die Welt mal reisen,
von China bis zum Belt,
schlage dir durch undurchsichtige Nebel Schneisen,
sonst verirrst du dich in der Welt.

Nimm Karten mit, auch wenn sie wiegen,
gehe früh, da ist die Welt noch im Lot,
pass auf - auf dich, lass Schmutziges liegen,
und nimm dir mit ausreichend Brot.

Lass nieder dich wo Menschen singen,
die kräftig trällern aus stolzer Brust,
wo Kastagnetten und Gitarren klingen,
wo Menschen tanzen vor Freude Lust.

So wirst du wandern, staunen, innehalten,
hab` nur immer mit ein wenig Geld,
das wenige davon, musst du gut verwalten,
damit es bis zum Schluss auch hält.

- Also dann, gute Reise
um die Welt!

Überall

Überall wohnen Menschen,
vom Himalaja bis zu den Vogesen,
doch hauptsächlich in China
wohnen die Chinesen.

Überall wohnen Menschen,
selbst im Wilden Westen,
da wohnen die Indianer,
heute jedoch sind sie Amerikaner.

Überall wohnen Menschen,
von Lappland bis Borneo,
doch nur in einem Iglu
wohnt der Eskimo.

Überall wohnen Menschen,
von Ägypten bis Botswana,
doch hauptsächlich im Dschungel
wohnt der Afrikaner.

Überall wohnen Menschen,
und sag` mir nun, wo wohnst Du?
Denk nach und mach mal Pause,
Du wohnst nämlich dort
wo die meisten Menschen wohnen:

Zuhause, Zuhause.

81

Herbst

Herbst ist,
die Blätter fallen,
in den Tälern schon
die Nebelschwaden wallen.

Laub bedeckt
den stillen See,
die Luft riecht
nach dem ersten Schnee.

Die Vögel fliegen
weg gen Süden,
andere Tiere bleiben
und müssen sich nun fügen.

Der Frost naht
und bringt Unbehagen,
die Winterschläfer
füllen sich ihren Magen.

Durch die Wolken dringt
der letzte Sonnenstrahl,
dunkel wird's
zum Abendmahl.

Sturm und Regen machen
die Welt trüb und grau,
der Fuchs bleibt nun
in seinem Bau.

Und zuhause an den Fenstern
schauen traurige Kinder hinaus,
sie bleiben jetzt im Warmen
und dürfen nun nicht mehr raus.

Es regnet

Früh am Morgen,
wenn ich zum Kindergarten geh`,
macht es auf meinem Kopf
poch-poch-poch.

Ich schaue nach oben
und auf meiner Nase eisig kalt
machen gerade ein paar Regentropfen halt,
und wie in einem Wassertopf, geht`s dort langsam
tropf-tropf-tropf.

Schnell spanne ich meinen Regenschirm auf
und da höre ich nun ganz laut jeden einzelnen Tropf,
als wollte jemand zur Türe herein:
klopf-klopf-klopf!

Aber was soll`s, ich bin ja herausgetreten
aus wohligwarmem Haus in den Regen.
Und unter meinen Füßen macht es nun
plitsch-platsch, platsch-plitsch, plitsch-platsch.
Alles ist nass. Macht das was?

Ne`, aber nun warte ich doch lieber
auf den ersten schönen Schnee!

Das Unwetter

Es blitzt, es donnert und es kracht,
dunkel wird`s, wie in der Nacht.

Der Himmel macht seine Tore auf
und lässt dem Regen freien Lauf.

Wasserfallartig kommt hernieder das kühle Nass,
da haben doch nur noch Wasserratten ihren Spaß.

Der Wind weht kräftig, wird zur Bö,
Regenschirme fliegen davon und sagen: "Adieu!".

Durch so ein Wetter müssen die Menschen sich nun plagen,
das bringt ihnen ganz schön Unbehagen.

Darum will auch niemand von ihnen raus,
es ist wohl besser man bleibt zuhaus`.

Der Schneemann der sich nach Sommer sehnte

Im Garten der Stadt Eisholz
stand ein Schneemann der nie schmolz.

In dieser Stadt war es immer kalt,
das Eis war fest und gab dem Schneemann Halt.

Dem Schneemann war es aber auf Dauer hier zu öde,
vom Dauerfrost wurde er auch schon ganz spröde.

Ständig stand er auf einem Fleck
und kam so niemals aus seinem Garten weg.

Da träumte er auf Reisen zu gehen,
um sich die schönsten Orte der Welt anzusehen.

Einmal nur in Paris über die Champs-Elysées gehen
oder in New York auf der Freiheitsstatue stehen.

Einmal nur in Kairo die Pyramiden betrachten
oder mal in der Sahara in einem Wüstenzelt übernachten.

Ja einmal nur müsste es richtig Sommer sein,
um ihn - den Schneemann - vom Frost zu befreien.

Nur einmal will er ganz warm im Glanze der Sonne stehen,
um zu können von seinem Garten ganz weit weg zu gehen.

Doch was der arme Schneemann nicht bedachte
(jetzt sage ich es hier ganz sachte):

Ohne das bitterkalte Eisholz,
der Schneemann einfach zu Wasser schmolz.

Die einzige Reise die er dann höchstens tat,
war als Wasser zu düngen des Rasens Saat.

Gedanken zum Winter

Der Winter ist gekommen
und hat den Bäumen die Blätter genommen.

Der Winter der ist da,
Schnee fällt und die Kinder rufen "Hurra, Hurra!".

Der Winter ist ein Wiegenfest,
mancher Autofahrer wiegt sich sicher, später steckt sein Auto fest.

Der Winter hält die Menschen oft Zuhaus`,
denn jeder friert, geht er aus dem Hause raus.

Der Winter der ist kunterbunt
und die dicken Pullover machen die Menschen oben rund.

Der Winter der ist schuld an vielen roten Nasen,
vorm Winter verstecken sich selbst die dicksten Hasen.

Der Winter geht im Frühjahr zuneige,
dann kommen die Knospen wieder und die Blätter wachsen an jedem
Zweige.

Der Frost

Der Frost schleicht über Seen
sowie über Au und Wald,
er ist eisig, ja eisig-kalt.

Er legt sich über Häuser,
in Berg und Tal,
und grüßt euch allzumal.

Er kriecht durch jede Ritze
und in jedes Haus,
er kommt vorne hinein und hinten wieder raus.

Der Frost hängt sich an den Bäumen fest,
von Stock zu Stock,
und kriecht unter jeden Mantel und unter jeden Rock.

Er hält die Welt fest im Griff
und lässt sie erstarren,
auf dass alle Hölzer brechen, biegen, knarren.

Er belegt alles mit einer Frostschicht,
so will er die Welt in weißer Farbe liften,
doch kommt die Sonne heraus, dann geht er ganz schnell stiften.

Entchen Quak

Überall watscheln sie,
von weitem hört man sie schon quaken.
An jedem See trifft man sie,
zu den Gesängen der Zirpen
und beim Geschwirre der Schnaken.

"Entchen Quak-Quak-Quak,
warum läufst du immer um den See
und warum bist du noch nicht gebraten?
Warum planschst du so oft in dem See,
kannst du mir das einmal verraten?"

Die Leute machen Halt,
sehen sie ein Entchen am Wegrand steh`n.
Dann dauert`s nicht lange
und sie bücken sich bald,
da wollen sie nicht mehr weiter geh`n,
wollen alle nur die hübschen Entchen seh`n.

"Entchen Quak-Quak-Quak,
warum läufst du immer um den See
und warum bist du noch nicht gebraten?
Warum planschst du so oft in dem See,
kannst du mir das einmal verraten?"

Die Leute kommen
und bringen dir Brot.
Alle, so scheint`s, sind dir wohlgesonnen.
Und schnatterst du, ab und zu,
hast du ihr Herz schon gewonnen.

"Entchen Quak-Quak-Quak,
warum läufst du immer um den See
und warum bist du noch nicht gebraten?
Warum planschst du so oft in dem See,
kannst du mir das einmal verraten?"

Doch liebes Entchen Quak-Quak-Quak,
wenn Weihnachten kommt, lauf weg - ganz schnell!!!!
Laß dich hier nicht mehr seh'n,
sonst all die lieben Leute wiederkommen,
dann wird's dir aber nicht mehr wohl ergehen.

"Entchen Quak-Quak-Quak,
bald läufst du nicht mehr um den See,
denn dann wirst du gebraten.
Vor Freude ich dich schon im Backofen seh';
feierlich liegst du später in meinem Magen."

Wenn ich ...

Wenn ich früh morgens aufsteh',
dann gehen in der Stadt überall die Lichter an.
"Auf, auf!" hört man es in vielen Schlafräumen
und "Kinder, ihr dürft die Schule nicht versäumen!".

Wenn ich früh morgens zur Schule geh',
dann sind noch überall die Laternen an.
Dann waten viele verschlafene Menschen durch den Schnee
und auf die ersten Schlittschuhläufer wartet der zugefrorene See.

Wenn ich früh morgens in den Schulräumen steh'
und hänge meinen Mantel an den Haken dran,
höre ich in den Gängen ein Gemurmel und Klagen,
keiner will zur Schule, doch niemand wird danach fragen.

Wenn ich mit meinem Finger über den Globus geh',
fange ich sogleich zu träumen an.
Träume von fernen Ländern, von Abenteurern und Piraten,
und davon, statt in die Schule durch Sand am Strand zu waten.

Sankt Martin

Seht die leuchtende Laterne
und in der Nacht die Sterne.
Seht die Kinder und den Martinsmann
und wie schön ein jedes Kind singen kann.

Seht die vielen Gaben
und wie Kinder ihre Laterne tragen.
Seht den Martinsmann und sein Pferd,
und wie er teilt seinen Mantel mit dem Schwert.

Seht den armen Bettelsmann,
der vor Freude seine Tränen nicht unterdrücken kann.
Seht die Botschaft die hier wird verkündet:
wie sich Arm und Reich friedvoll verbündet.

Nikolaus

Am 6. Dezember kommt in unser Haus
spät am Abend der Nikolaus.
Er trägt dabei huckepack
seinen großen Geschenke-Sack.

Nüsse, Schokolade, Marzipankern,
das alles esse ich gern.
Doch für die böse Ute,
hat der Nikolaus nur die Rute.

Doch schnell ist er wieder aus dem Haus
und geht weiter in die Welt hinaus.
Die Ute muss ihre Boshaftigkeit nun bereuen,
doch ich darf mich an den Süßigkeiten erfreuen.

Bald ist Weihnacht

Kommt her Kinder, kommt her,
es weihnachtet schon sehr.
Riecht den Duft von Bratäpfeln und Zimt,
bald kommt zu uns das liebe Christkind.

Doch vorher gibt es ein Abendmahl
und Kinder sind es dabei fünfe an der Zahl.
Genug Geschenke für alle zu bekommen ist schwer,
drum rufen wir das Christkind zu uns her.

Kinder seht draußen nur die sternenbehangene Nacht
und seht den Schnee, den Engel haben uns gebracht.
Seht zum Himmel, auf dass man eine Sternschnuppe find,
wünschen darf sich dann Geschenke ein jedes Kind.

Seht auch wie schön ist der Weihnachtsbaum behangen
und wie viele Glöcklein und Kugeln an ihm hangen,
so strahlt er bereits jetzt schon in voller Pracht,
ja bald, juchhu, haben wir Weihnacht.

Und vom Himmelstor
lugt schon des Christkinds Schlitten hervor.
Von dort kommt es zu uns her.
Horcht! Es weihnachtet schon sehr.

Knecht Ruprecht

Alle Welt wird mich wohl kennen.
Doch wer hat je von mir ein Bild gesehen?
Böse Kinder mich angstvoll Rutenmann nennen,
und vor mir um Gnade flehen.

Begleite Nikolaus auf seinen Wegen
(ich selbst komme aus dem dunklen Wald),
von den Engeln bekomme ich den Segen
und wandere zu den Kindern ohne Aufenthalt.

Auf meinem Rücken trage ich ein Säcklein,
Süßigkeiten mag ein jedes Kind doch gern,
egal ob das Kind ist nun groß oder klein,
mögen sie doch alle Äpfel, Nüsse, Mandelkern.

Sehe ich vor einem Häuslein Stiefel steh'n,
fülle ich hinein, was rein nur geht,
werde dann frohgemut weiter gehen,
weil doch vor jedem Häusle ein Stieflein steht.

So geht das mit den Gaben.
Wer bekommt da nicht den leuchtenden Blick?
Ich mach's, damit alle was zum Naschen haben,
da strahlen die Menschen dann vor lauter Glück.

Doch komme ich an einem Haus vorbei,
wo ein Kind oft böse war,
da komme ich mit der Rute herbei.
Lieb sein wird es bestimmt das nächste Jahr!

Doch keine Angst haben müssen die Guten, die Lieben,
die bekommen vom Kuchen ab das größte Stück,
nur für die anderen bleiben die Reste liegen,
doch die Erinnerung an mich bleibt allen gleich zurück.

Diese Nacht kommt der Nikolaus

Der Nikolaus hat sich geschunden,
kommt zu Kindern aus weiter Fern,
bis er hat alle Kinder gefunden,
denn er hat sie alle so gern.

Sein Rücken ist schon krumm vom Tragen,
sein Sack ist voll und schwer,
aber Klagelaute wird er nicht sagen,
so schleppt er Sack und sich daher.

Ihm ist jede Mühe recht,
um glückliche Kinder zu sehen,
als Hilfe hat er ja Knecht Ruprecht,
der wird immer mit ihm gehen.

So wandelt er im Winter auf Erden,
durch aller Zeiten Lauf,
die lieben Kinder sollen belohnt werden,
die bösen kriegen auf den Po was drauf.

Nun Kinder sollt ihr eure Schuhe aufbinden,
stellt sie vor die Türe hin,
da soll der Nikolaus sie finden,
und morgen ist sicher was schönes drin.

Klitzekleines Weihnachtsgedicht

Weihnachten im Winterwald,
Schnee auf den Tannen,
der Weihnachtsmann kommt bald.

Die Kinder staunen mit Entzücken,
halten Ausschau nach ihm
mit festen Blicken.

Sie warten auf ein Zeichen,
ungewiss und voller Andacht,
ja Jubel jauchzend, bald ist Weihnacht.

Weihnachtsgedicht

Der Weihnachtsmann backt Brezeln,
in seinem kleinen Haus,
es errötet abends den Himmel,
schau doch mal zum Fenster hinaus.

Er stopft schon die Geschenke
in seinen großen Sack,
das dauert bei ihm nicht lange,
das geht zack-zack, zick-zack, zack-zack.

Sein Schlitten wird schon bepackt,
mit Sternenstaub und Engelein,
mit Kobolden und Wichten,
die Kinder zu beglücken das sind ihre Pflichten.

Der Weihnachtsmann hat allerhand viel zu tun,
zur schönen Weihnachtszeit,
wenn draußen es fröstelt
und über den Dächern es schneit.

Dann kommt auch bald der Tag,
wo er kommt zu Dir,
mit Brezeln und Pfefferkuchenherzen,
und den von Dir gewünschten Skiern.

Heimlich legt er sie unter Deinen Christbaum,
den Du hast so wunderschön geschmückt,
und er wird sich über diesen Anblick noch lange freuen,
denn der ist Dir wirklich gut geglückt.

Das Christkind kommt unsichtbar

Ich hörte ein Gebimmel,
nicht laut, sondern leis` und smart,
als käme es von oben aus dem Himmel,
hinab zur Erde in schneller Fahrt.

Es kam zu mir ganz schnelle,
dort wo ich im Schnee ein Sternlein fand,
ich bewegte mich nicht von der Stelle
und wollte es greifen mit meiner Hand.

Doch es war nichts zu sehen,
nur das leise Gebimmel war jetzt hier
und es blieb neben mir stehen,
dazu leises Schnaufen von einem Rentier.

Nun hörte ich Engel singen.
Horcht nur, wie friedlich es schallt!
Nichts könnte schöner klingen,
am Weihnachtsabend im deutschen Wald.

Doch bald waren Klang und Sang verschwunden,
und im Schnee sah man Abdrücke von zwei Skier,
habe dafür Geschenke gefunden,
oh Freude – das Christkind war hier.

(Weihnachtsgedicht zum Heiligabend)
Gute Nacht – Heilige Nacht

Schlafe mein Kind, schlaf ein,
in Deinen Träumen soll Frieden sein.
Schlafe mein Kind, schlaf ein,
bedecke Bauch bis zum Kopf und die Bein`.

Schlafe mein Kind, schlaf in Ruh,
und höre der Nachtigall vorm Einschlafen noch zu.
Schlafe mein Kind, schlaf in Ruh,
in dieser Nacht gehören Christkindl-Träume sicher dazu.

Schlafe mein Kind, schlaf tief und fest,
und freue Dich morgen auf das Weihnachtsfest.
Schlafe mein Kind, schlaf tief und fest,
in Deinem Bettchen bist Du sicher, in wohligwarmem Nest.

Schlafe mein Kind, schlaf ruhig in seliger Nacht,
auf dass der Friedensengel über Dein Leben wacht.
Schlafe mein Kind, schlaf ruhig in seliger Nacht,
und lass` Dich überraschen, was morgen das Christkind Dir gebracht.

Der unendliche Streit

Timpelchen und Tümpelchen
die hatten einen Streit,
wer wohl am schönsten sänge
in der heiligen Weihnachtszeit?

Das Timpelchen war eine Zwergenfrau
und Tümpelchen ihr Mann,
doch keiner von beiden hatte je ein Lied gelernt
und so fingen sie nie zu singen an.

So streiten sie nun immer fort,
denn nie wird es ihnen gewiss,
ob Timpelchen oder Tümpelchen
der bessere Sänger ist.

Frühling

Nasser Rasen,
wo der letzte Schnee noch glimmert,

Tau
früh morgens in den Bäumen,
wo die erste Sonne schon drin schimmert,

Blütenduft in der Luft,
noch ganz fein,
lassen den Frühling uns willkommen sein.

Karneval

Im Karneval gibt es in der Stadt viele Stellen
mit bunten, lauten und verrückten Gesellen.
Der eine sieht aus wie eine Eule
und ruft "Hu Hu",
der andere hat sich verkleidet
ganz still als Schuh.
Ein weiterer meint miauend er wäre ein Kater,
und ein kleiner Junge klebt sich übern Mund einen Schnauz
und spielt den Vater.
Der nächste - oh wie grandios -
hat verkleidet sich als Kloß.
Ein weiterer vertreibt die Hexen -
er geht als Knoblauchzeh.
Der nächste geht als Kopfschmerztablette,
dem tut nix mehr weh.
Einen Cowboy und einen Indianer
sieht man hin und wieder auch
und so mancher geht als Regentonne,
mit seinem großen dicken Bauch.
So laufen wahrlich seltsame Gestalten durch die Stadt,
auf dass jeder seine Freude daran hat.
Als Zauberer, als Fee,
als Batman oder als große Kugel Schnee,
als fliegender Adler oder selbst gar als schwimmender Hecht,
mit so vielen bunten Kostümen
da geht es den Karnevalisten gar nicht schlecht.
Alle sollen sie große Freude haben - an ihren drei tollen Tagen.
Jedoch die Kinder machen es vor,
denn so ein Kind das ganze Jahr über lacht,
und nicht nur wie die Erwachsenen zur Fassenacht.

Helau!

Lieber Osterhase

Osterhase, lieber Osterhase,
warum hast du so eine kurze Nase?
Warum hast du so lange Ohren?
Kannst du dir damit auch in die Nase bohren?
Tu nicht die Kinder necken,
willst du die Eier zu gut verstecken.
Gib uns bloß nicht ein schlechtes Ei,
sonst ist es mit unserer Freude vorbei.
Wir wollen dich auch immer gut loben,
legst du die Schokoladeneier im Nest ganz nach oben.
Nun lieber Osterhas`,
wünschen wir dir recht viel Spaß.
Wir sind auch immer lieb zu Frau Meier,
bringst du uns viele Ostereier.

Ostern

Zum Osterfest legt das Huhn ein Ei,
für Witwe Bolte auch gleich zwei
und für andere noch so allerlei.

Doch die Hasen nehmen dem Huhn die Eier weg,
und bringen sie alle still und heimlich
in ein Versteck.

Dort malen sie die Eier ganz bunt an
und machen obendrauf
noch ein hübsches Schleifchen dran.

Zu Ostern dann kommen sie aus ihrem Bau
und verstecken die Eier
in Wald, Wies und Au.

Und die Kinder - diese Blagen,
müssen sich nun damit plagen
die Eier zu suchen an den Ostertagen.

Lieber Junge (Schimpfgedicht)

Ach oje, ...oje... ...oh... ...ach...,
allen Leut` mach` ich zu viel Krach.

Holzkopf, Fliegenfurz, Schnullerbacke, Strohkopf, Schleimer,
so lieb wie ich bin, ist sonst keiner.

Ach ja, ...ja-ja..., immer artig soll ich sein,
niemals darf ich laut meine Wut rausschrei`n.

Verdammter Seppelbock, hundsgemeiner Hosenrock,
Blödmann, Ochse, Schwein: ich will aber jetzt wütend sein!

Oh nein - oh nein, niemals darf ich in heiliger Stille,
anderen lautstark wichtiges zeigen: mein eigener Wille.

Esel, Kröte, Ziege, Mistkäfer, blöde Gans,
jedem Nasenbär ich vor Wut auf seinem Rüssel tanz.

Nicht schimpfen darf ich, aber lieb sein doch,
doch fluchen möchte ich, noch und noch.

Stinktier, Pappnase, Warzenschwein, Furzgesicht,
am besten wettere ich, wenn der Hafer mich sticht.

Ja, ja - ruhig spielen soll ich, niemals wild,
wie blöd das ist, machen Erwachsene sich davon kein Bild.

Pausenclown, Spaßbremse, Kameltreiber, Wurzelsepp,
ihr Schießbudenfiguren jagt ja selbst die Vogelscheuchen weg.

Nun denn, lieber hört ihr ja die netten Sachen,
welche aber überhaupt keinen Spaß mir machen.

Liebes Muttchen – allerliebste – ist ja klar,
und der Vater sowieso – immerdar,
eure Welt die ihr wünscht ist schön und rein,
doch meine ist noch immer mein!

Lautes Schweigen

Warum schweigt sie so laut?

Warum so laut, dass ich es richtig dröhnen höre?
Warum schweigt nun wieder diese freche Göre?

Diese Ruhe ist so gemein
und viel lauter als ein Winseln, Flehen, Schrei'n.

Warum muss sie so beleidigt sein?

Krankes Kind

Leichtes Stechen oben im Herzen,
Übelkeit und Gliederschmerzen,
Magendruck und Muffensausen,
komische Töne dabei aus dem Popo brausen,
lassen ahnen Du bist krank,
selbst bei einem Kerl wie aus einem Schrank,
nimmst zur Not Dir einen Kamillentee,
danach tut`s auch nicht mehr so weh,
träumst dann von der Sonne an der See,
oder von den Bergen und viel Schnee,
und sagst so langsam Deinem Elend "Ade".
Und wichtig damit auch:
Kopfweh, Schwindel, Kälte, Körperjucken,
Müdigkeit, Atemnot und Augenzucken,
verschwinden gänzlich wieder,
so nach und nach aus jedem einzelnen Deiner Glieder,
bis weg ist dieser Krankheitsschund,
dann bist Du auch wieder ganz gesund.

Gute Besserung!

Manchmal

Manchmal bin ich vergnügt,
manchmal merke ich sofort, wenn einer lügt.

Manchmal bin ich furchtbar sauer,
manchmal lege ich mich zum Beobachten auf die Lauer.

Manchmal bin ich traurig,
manchmal ist mir nachts ganz schaurig.

Manchmal habe ich tierisch Wut,
manchmal geht's mir richtig gut.

Manchmal bin ich übel dran,
manchmal haben mir liebe Worte gut getan.

Manchmal habe ich schlechte Laune,
doch das ist nicht immer,

manchmal ist nur hin und wieder,
alles andere wäre schlimmer.

Wir haben ...

Wir haben uns gestritten,
weil die Gefühle wohl auf Wildpferden ritten.

Wir haben uns gezankt,
weil manches an Eitelkeit in uns krankt.

Wir haben uns fast totgelacht,
weil einer hat so ein komisches Gesicht gemacht.

Wir haben uns versteckt,
wenn einer uns hat zu sehr geneckt.

Wir haben uns ein bisserl geschlagen,
doch wir haben uns wieder vertragen.

Wir haben uns zusammengerauft
und zusammen uns einen Fußball gekauft.

Wir haben zusammen gespielt,
solange das Freundschaftsband uns hielt.

Wir haben uns nie wieder gesehen,
mussten wir für immer auseinandergehen.

115

Was ist wahr?

Was ist wahres an ihm dran,
an unserem schönen Weihnachtsmann?

An Knecht Ruprecht und am Nikolaus.
Ist dies alles wahr? Nun kommt mit der Sprache raus.

Oh ich glaube der Erwachsene ist ein Filou,
dreht mir alles an und redet mir immer nur gut zu.

Gespenster, Hexen und feuerspuckende Drachen,
was ist echtes dran, was sind das für Sachen?

Kommt Nachwuchs, sagt ihr: "Sei leise, horch!
Bald kommt zu uns der Klapperstorch!".

Ist der Osterhase gar Lüge auch?
Oder sind diese Märchen alle nur seltsamer Brauch?

Ja kann mir mal einer sagen, was ist wahres an allem dran?
Weil ich doch nicht immer allen Unfug glauben kann!

Wahrheit

Denken soll man, ganz weise, weise.
Weise ist, wer die Lüge mit der Wahrheit bricht,
denn dann geht sie wie ein Gerücht auf die Reise,
so dass sie vor Ort niemand mehr anficht.

Jene Wahrheit die ist die Deine,
ist sie auch noch so lieblich und so klein,
auch wenn sie hart ist oder feine,
oft ist sie nur trügerischer Schein.

Gehört die Unwahrheit zu der Sünde Süßen,
fällt auch so mancher leicht auf einen Schwindel rein,
tritt die Wahrheit dennoch nicht mit Füßen
denn die Wahrheit ist auch immer Dein.

Wenn ich träume

Ich träume mir ein Land,
wo ich so groß sein kann wie ein Elefant -
und erträume mir dabei einen rosaroten Himmel,
wo ich hinaufreiten kann mit einem Schimmel.

Ich träume mir ein Land,
wo alles böse sofort verschwand -
und erträume mir noch eine Märchenfee,
damit mir nie wieder tut was weh.

Ich träume mir ein Land,
dort pfeift der Wind mir aus der Hand -
und erträume mir ich wäre kein Kind,
möchte halt sein, wie die Erwachsenen so sind.

Ich erträume mir ein Land,
wo ich keine Angst mehr vor was haben muss -
und erträume mir auch dort zu übernachten,
wo andere hierauf auf mich warten.

Ich träume mir ein Land,
wo Kinder spielen dürfen wie sie wollen -
und erträume mir: nichts müsste ich sein lassen,
nur weil Erwachsene laute Kinderspiele hassen.

Ich träume mir ein Land,
wo unendliche Ruhe ich fand -
und erträume mir dazu ein Himmelreich,
das ganz meinen Träumen gleicht.

Ich träume mir ein Land,
wo nur Liebe und Friede gedeiht -
und erträume mir ein Land,
wo es im Sommer auch mal schneit.

In einem anderen Land zu einer anderen Zeit

Es gibt da mal eine Zeit
in einem anderen Land ...

wo man keine Ideen für Fabeln mehr hat,
dort ist die Kinderseele um ihre Freude gebracht.

Es gibt da mal eine Zeit
in einem anderen Land ...

wo man der Phantasie nicht mehr gelobt,
dort sind die Märchen für die Kinder tot.

Es gibt da mal eine Zeit
in einem anderen Land ...

wo man Erzählungen nur von Schilderungen her kennt,
dort wird den Kindern kein Glücksgefühl mehr geschenkt.

Es gibt da mal eine Zeit
in einem anderen Land ...

wo man nicht in die Welt der Dichtungen reisen darf,
dort ist die Welt eisig kalt und bitter scharf.

Es gibt da mal eine Zeit
in einem anderen Land ...

wo alle Kinder aus ihr fliehen,
von Drachen geflogen die Feuer spieen.

Einsicht

Oft wurden wir im Leben belogen,
rechts, links – zur Seite, dahinter und davor.
Stets hat man uns betrogen,
wie die Narren am Himmelstor.

Unser Schicksal ging so auf Reisen,
niemand weiß, wo wirklich die Wahrheit war,
es gab keinen Rat der Weisen,
nur Versprechungen über das ganze Jahr.

Doch am Ende ist ein Licht,
niemand weiß woher es kam,
es ist so, als ob es zu uns spricht,
die Wahrheit bricht sich letztlich Bahn.

Wer bin ich?

Ich bin klein.
Wer bin ich?
Wer soll ich sein?

Ich bin ein Kind.
Wer bin ich?
Bin ich so wie andere sind?

Ich bin nur 1 Meter 20 groß.
Wer bin ich?
Wie werd` ich werden bloß?

Ich bin froh den ganzen Tag.
Wer bin ich?
Ob man mich so mag?

Ich bin lustig wie der Wind.
Wer bin ich?
Ob andere auch glücklich sind?

Ich schaue fröhlich vor mir hin.
Wer bin ich?
Nun sag` schon, wer ich bin!

123

Ich bin ich

Es kommt mir nicht in den Sinn,
nicht zu sein, wie ich bin.
Stets sich selbst zu sein ist nämlich der Clou,
ich bin nicht er, noch sie und auch nicht Du.
Wenn ich nämlich ein andrer wär`,
wäre ich nicht der Daniel mehr.
Doch für Euch ist es ja der größte Gewinn,
kann ich sein, wie ich nun mal bin.
Drum stellt mir im jungen Leben auch kein Bein,
ich will, wie ich bin, auch weiterhin so sein.
Drum liebe ich dieses und jenes und auch Dich,
denn Ich bin ich, bin ich, bin Ich.

Kindchen

Ein kleines Kind,
das ist doch noch was ganz Zartes,
darf man nicht mit grob umspringen,
ist doch nichts Hartes.

Hat ein großes Herz,
viel größer noch als Dein`,
erleidet schnell den Schmerz,
muss man halt viel lieb mit sein.

Denkt immer Gutes,
von unserer Welt,
ist deshalb frohen Mutes,
da sie noch gefällt.

Kinder sind ja so lieb
und auch so zerbrechlich klein,
sie ertragen weder Schimpf noch Hieb,
mögen am liebsten nur Freud` und Sonnenschein.

Lebens-Fragen

Wenn nicht mein Vater und meine Mutter wär',
wie wäre ich wohl auf die Welt gekommen?

Hätt' ich dann, bitte sehr,
nicht andere Eltern einst bekommen?

Wäre mein Name nicht jetzt Fridolin oder so?
Und wo wäre dann jetzt mein Zuhause?
Sagt mir bitte, wo?!

Wo wäre ich dann jetzt auf der Welt?
Und wo wäret ihr, unterm Himmelszelt?

Wo wäre dann mein Frühstücks-, Mittags- und Abendtisch?
Sagt es mir! Oder wisst ihr es nicht?

Ja würdet ihr überhaupt mich missen?
Und könntet ihr überhaupt etwas von mir wissen?

Wären wir dann keine Familie mit Mutter, Vater, Kind?
Sondern Fremde in der Fremde,
wie es Gäste in unserem Lande oft sind?

Gingen wir dann unbemerkt an uns vorbei,
so wie fremde Urlauber in der Mongolei?

Wäre ich dann auch nicht in den Kindergarten gegangen,
sondern müsste bei den Eskimos Fische fangen?

Ja wenn nicht mein Vater und meine Mutter wär',
ich glaub', ich hätt's dann im Leben schwer.

Kinder haben Rechte

Unsere Welt ist nicht immer eine Gerechte,
doch wisse, **Kinder haben Rechte!**

Kinder haben ein Recht auf ausreichend *Futter*
und natürlich auf Vater und Mutter.

Kinder haben das Recht zur Schule zu gehen
und ausreichend oft den (getrenntlebenden) Vater zu sehen.

Kinder haben ein Recht auf Zeit zu spielen
und dass ihre Eltern sie lieben.

Kinder haben das Recht auf weltweiten Frieden
und dass die Erwachsenen ihre Feindschaften gewaltfrei besiegen.

Kinder haben ein Recht auf ihren Namen
und dass sie die richtige Staatsangehörigkeit haben.

Kinder haben das Recht auf ausreichend Schutz
und dass man sie nicht zieht in den Schmutz.

Kinder haben auch ein Recht auf Gerechtigkeit
und natürlich das Recht auf ausreichend Heiterkeit.

Kinder haben aber auch eine Pflicht:
sei Kind, sei Erwachsen nicht!

Gemeinsam sind wir stark

Da kam ein Ton daher
und irgendwo aus der Ferne ein leises Tönchen.
Das eine machte sich lang, das andere legte sich quer
und das klang wie aus einem kaputten Flötchen.

Da sagte das leise Tönchen zum lauteren Tone:
"Wir zwei sind zu wenig, für uns interessiert man sich nicht die Bohne.
Es müssen noch mehrere Töne her,
sonst wird's mit uns kein Liedchen mehr.".

So gingen sie in das Land umher
und sammelten von überall Töne zu einem großen Heer.
Jeder Ton bekam seinen Platz nebst einem andern
und dann mussten sie alle ganz lautstark wandern.

Da war auf einmal alle Ruhe verschwunden,
gemeinsam hat man sich zu einem Liedchen gefunden.
Sie riefen: "Hurra, das ist unser Sieg,
jetzt sind wir Musik, Musik",

und:
„Recht hatten wir, gemeinsam sind wir stark" .
dabei erklang die Musik:
"Moonlight on the dark".

129

Dein Vater kann (fast) alles

"Liebes Kindchen, hör` mich an,
lass Dir erzählen
was Dein Vater alles kann:
Er kann lesen, schreiben
und rechnen dazu,
die Fische füttern
und reiten auf einer Kuh.
Er kann für Dich zum Spaß so tun
als ritt er auf einem Besen
und Dir morgens und abends
Deine Wünsche von den Augen ablesen.
Er kann mit Dir schwimmen gehen
und auf dem Fahrrad mit Dir
ein paar Runden drehen.
Er kann Dich tragen auf seinem Rücken
und Dich mit Gedichten liebevoll beglücken.
Er kann Dir zeigen
wie schön das Leben doch wirklich ist
und beweisen,
das ein Vater seinen Sohn niemals vergisst.
Er kann Dir zeigen die Sonne, den Mond und das Meer
und noch so vieles vieles mehr.
So ist Dein Vater ja auch ein aufrechter Mann
und zeigt Dir gerne, was er alles so kann.
Ja Kindchen, nun erzähle Du
- und komme her -,
wer als Dein Vater kann noch mehr?".

"Nun mein lieber Vater,
das zu beantworten ist wirklich schwer,
aber ich denke,
mein Muttchen kann noch viel mehr.
Sie kann mich anziehen, pflegen, waschen,
sie kann mir zu Essen geben
und was Leckeres zum naschen.

Sie ist auf mein Wohl
auch immer sehr bedacht
und sorgt dafür,
dass ich ruhig schlafen kann in der Nacht.
Sie gibt mir auch immer gut zu futtern
und wenn ich krank bin
tut sie mich bemuttern.
Sie bindet mir, wenn es sein muss,
auch zu den Schuh,
drum ist sie halt viel besser noch als Du.

Doch da ich lieb und gerecht sein will
kommt ihr beide gleich gut weg
und Ihr steht bei mir auf der Ehrentribüne
ganz oben auf demselben Fleck.".

Ich dichte für Dich

Ich dichte Dir ein Gedicht
und hoffe, Dir missfällt es nicht.

Ich dichte jeden Tag so allerlei,
in der Hoffnung, da ist was für Dich dabei.

Ich dichte als plapperten ständig die Raben
und denke, ich kann Dir damit so viel sagen.

Ich dichte, was das Zeug so hält
und hoffe, dass es Dir später mal gefällt.

Ich dichte so viel, als sei es des Lebens Getriebe,
in Wahrheit dichte ich, mein Sohn, nur, weil ich Dich liebe.

Wichtelmanns Grüße

Zu Dir kommt heut` der kleine Wichtelmann
mit einer Handvoll Grüße für Dich an.

Und in seinem schweren Gepäck,
hat er noch allerfeinstes Gebäck.

Sieh nur, wie er damit holpert und stolpert.
Sieh nur, wie er durch die Stube poltert.

Er verliert dabei Stück für Stück.
Nimm es, es bringt Dir Glück!

So kommt Gruß um Gruß bei Dir an.
Und weg ist danach der kleine Wichtelmann.

Bald ist er wieder unten an seinem Fluss ...,
doch ich bleibe, und von mir bekommst Du einen Kuss.

Lieber Daniel!

Nun höre zu und schweige still,
was ich Dir liebes sagen will.

Es gibt ein Männlein, das ist ganz klein,
doch sehr gewitzt und es lacht so fein.

Von früh bis spät, von spät bis früh,
herzt er die anderen und gibt sich dabei Müh`.

Schenkte er mir am Wochenende sogar drei Blümelein
und in meinem Herzen zog tief die Freude ein.

Da hopsten wir schon mal rum und sprangen,
ja wir tobten sogar und sangen.

Da klang die Gitarre von mir ganz spanisch - Espana Ole!
denn ich freue mich, wenn ich Dich bald wieder seh`.

Doch warum jetzt dies seltsame Gedicht?
Weil Du halt mein Herzblatt bist!

134

Wenn ich nur ...

Wenn ich nur noch einen Euro hätte,
ich mache mit Dir jede Wette,
ich schenkte diesen alleine nur Dir.

Wenn ich nur noch ein einziges Brot hätte,
ich mache mit Dir jede Wette,
das gäbe ich zum Essen nur Dir.

Wenn ich nur noch einen Tag zu leben hätte,
ich mache mit Dir jede Wette,
diesen Tag verbrächte ich nur mit Dir.

Wenn ich nur noch eine Liebe zu verschenken hätte,
ich mache mit Dir jede Wette,
auch diese gäbe alleine ich nur Dir.

Wenn ich nur wüsste, wie Du bliebest hier,
ich mache mit Dir jede Wette,
dann wärst Du nie weg gewesen von mir.

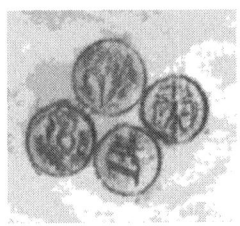

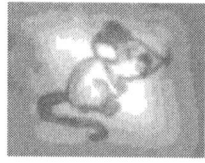

Rechte der Kinder in Kurzfassung

Kinder haben Rechte, und zwar auf:

- *Gesundheit; d. h. auf eine gesunde und körperliche Entwicklung*
- *elterliche Fürsorge durch <u>beide Elternteile</u> und ausreichend Kontakt mit ihnen*
- *gewaltfreie Erziehung im Geiste weltumspannender Brüderlichkeit und des Friedens*
- *Schutz vor Grausamkeit, Vernachlässigung und Ausnutzung*
- *Gleichheit; Unabhängigkeit von Rasse, Religion, Herkommen, Geschlecht*
- *Liebe, Verständnis und Fürsorge - auch bei Pflegeeltern*
- *genügend Ernährung, Wohnung und ärztliche Betreuung*
- *Spiel, Freizeit und Erholung*
- *Bildung und unentgeltlichen Unterricht*
- *freie Meinungsäußerung, Information und Gehör*
- *Schutz im Krieg und auf der Flucht; Schutz vor Verfolgung*
- *Schutz vor wirtschaftlicher Ausbeutung*
- *besondere Betreuung bei Behinderung*
- *einen eigenen Namen und eine Staatsangehörigkeit*

- <u>www.kinderparlamente.de</u> -

Kreuz-Schach

ein Schachspiel für vier Personen
von
Pierre Sens

nähere Infos im Internet unter:

www.kreuz-schach.de

Die Wissenspille - ein Buch über Gentechnik - embryonale Stammzellenforschung - Präimplantationsdiagnostik - Künstliche Intelligenz - Beginn des Lebens - Selektion - Prävention - Rechte der Kinder - Menschenrechte.

Über die Gefahren, die eine neue (bio-)technologische Welt mit sich bringen wird, will dieses Buch informieren. Genomwissenschaft, Umweltzerstörung, die Wissenspille und viele andere Faktoren mehr werden in den nächsten Jahren unser Leben mitbestimmen, aus dessen Abgrund der Mensch nur herauskommt, wenn er selbst aktiv wird. Eine globale Ethikdiskussion steht aber erst noch in ihren Anfängen, sie wird neben Diskussionen zu Menschen- und Kinderrechten zukünftig eine immer bedeutendere Rolle einnehmen. Darum soll dieses Buch auch als einen Beitrag zu diesen Themen angesehen werden.

- Ein Beitrag zum *Jahr der Lebenswissenschaften, 2001.* -

von *Pierre Sens*

Theorie der dynamischen Realität

Pierre Sens contra **Albert Einstein**

Diese Abhandlung zum Thema Urformel/Weltformel, und die dahinter steckende Theorie, liegt im wissenschaftlichen Disput mit Albert Einstein's Theorien. Sie ist aber keine reine Theoretische Physik, sondern im umfassenden eine streitbare Philosophie.

Im Internet zu lesen unter:

„www.urformel.de".

Die Menschen brauchen eine

- geben wir sie ihnen!

Ein Manifest zur internationalen Standardisierung
der Ethik.

Ein Agenda 21 - Projekt.

Nordseeheilbad Büsum

Büsumer Leuchtturm

seit 1997 im Internet

Online-Dienst von Pierre Sens

www.nordseeheilbad-buesum.de